CONFÉRENCES POPULAIRES

LES CHANCES DE PAIX & DE GUERRE EN EUROPE

Conférence faite à Sens le 1er Février 1896

PAR

A. JACQUARD

Directeur d'École Primaire Supérieure

NEVERS
LIBRAIRIE-PAPETERIE ÉTIENNE GUILLERAULT
1896

LES CHANCES

DE

PAIX & DE GUERRE

EN EUROPE

Conférence faite à Sens le 1ᵉʳ Février 1896

PAR

A. JACQUARD

Directeur d'École Primaire Supérieure

NEVERS
LIBRAIRIE-PAPETERIE ÉTIENNE GUILLERAULT
1896

LES CHANCES
DE PAIX ET DE GUERRE
EN EUROPE

Mesdames,

Messieurs,

L'étude des causes de paix et de guerre, en Europe, m'a paru intéresser, en ce moment, tous ceux qui songent au lendemain. La paix est-elle assurée pour longtemps? — Aurons-nous demain la guerre? Questions très hautes assurément, solubles pour qui serait dans les secrets des dieux et des rois, pour qui connaîtrait le principe et la fin des choses, insolubles par conséquent.

Je ne vous apporte pas la solution de ce redoutable problème. Je voudrais seulement l'étudier avec vous, vous réservant le plaisir et le souci de conclure, si vous l'osez.

I

L'Occident. — France, Angleterre, Italie et Allemagne

LES conflits entre Nations, comme entre particuliers, viennent toujours des relations d'affaires et de voisinage. C'est en politique internationale surtout qu'on pourrait dire : « Le voisin, voilà l'ennemi ! » Examinons donc les rapports de la France avec ses voisins, et notre situation générale vis-à-vis de l'étranger.

Ce qui frappe tout de suite, c'est l'état d'insécurité dans lequel nous vivons ; c'est justement l'incertitude du lendemain. Nous sommes en paix depuis vingt-cinq ans, et pourtant, il faut bien le dire, nous redoutons la guerre et nous ne cessons pas nos préparatifs militaires. Nous nous faisons un peu, de même que les nations voisines, l'effet de ce voyageur qui s'apprête à traverser une forêt mal famée, nous nous armons jusqu'aux dents. Nous avons raison, paraît-il, car ce n'est pas au moment où l'Europe entière ressemble à un vaste camp tout retentissant du bruit des armes, qu'il convient de s'endormir sur ses deux oreilles ou de se bercer de l'espoir incertain d'une paix éternelle.

Notre frontière est ouverte à tous les vents depuis la guerre, et l'on peut entrer chez nous comme dans un moulin. L'immense trouée de plus de cent lieues qui s'étend de la Belgique à la Suisse, permet aux futures invasions d'arriver en quelques heures en Champagne et en Bourgogne.

Heureusement, nous avons accompli des travaux considérables pour nous créer une « frontière de fer » à la place des défenses naturelles du Rhin et des Vosges que nous avons perdues. Nous avons fait de Verdun, Toul, Epinal, Langres et Dijon, d'immenses camps retranchés qui barreraient les routes conduisant au cœur de la France, les vallées de la Marne, de la Seine et de la Saône. Enfin, la reconstitution de nos finances et de nos forces militaires a été, quoi qu'on en dise, si bien menée par la République, que nos voisins les plus malveillants, même réunis en triple et en quadruple Alliances, y regardent à deux fois quand il s'agit de nous créer un *casus belli*.

*
* *

Le danger viendra-t-il de l'Angleterre ?

Je ne le crois pas. Les marchands de Londres ne font la guerre que lorsqu'il n'y a rien à perdre ; et, d'après l'école de Manchester, une guerre générale qui paralyserait pendant six mois leur commerce amènerait la ruine complète du pays.

L'Angleterre a d'ailleurs une situation admirable et indépendante. Il y a cent ans, elle n'avait que dix millions d'habitants, et le grand ennemi de Napoléon, W. Pitt, se refusait à en faire le recensement pour ne pas divulguer sa faiblesse. Aujourd'hui, l'Angleterre a une population égale à la nôtre, 38 millions ; son empire compte 250 millions de sujets, et il n'y a pas sur le globe un bon territoire qu'elle n'ait accaparé, pendant que ses rivaux du continent restaient à se quereller dans la petite Europe. Sa marine est la première du monde. C'est la puissance de Rome et de Carthage réunies.

Pour nous, nous avons l'amer regret d'être restés en arrière dans la conquête du monde où l'anglais a pris notre place. Nous regrettons l'Inde et le Canada ; nous regrettons la Belgique qui voulait se donner à nous en 1830 et que la peur de l'Angleterre nous a empêchés d'accepter ; nous regrettons le Maroc qu'elle nous a encore empêchés de prendre après l'Isly ; enfin trois cent mille Français nous regrettent en Egypte, qui sera longtemps encore occupée par les habits rouges. Et cependant, malgré nos regrets, malgré nos griefs, nous entretenons de bons rapports avec l'Angleterre, et nos ministres règlent facilement les questions de Madagascar, du Soudan et de Siam.

C'est que nous avons intérêt à conserver la nationalité Anglaise, et que Waterloo est plus loin que Sedan. A l'heure actuelle, la haine de l'Anglais serait impolitique et dangereuse. Il ne faut pas oublier qu'il est avec nous le seul peuple qui représente la liberté politique, la liberté de penser et d'agir. « Seule avec nous l'Angleterre a condamné juridiquement et décapité un roi ; seule elle a une Constitution démocratique, et sauf peut-être l'Italie qui n'y pense pas, hélas ! elle pourrait marcher d'accord avec une démocratie comme la nôtre. » (E. Lepelletier).

Le jour où nous la menacerons elle a d'ailleurs une défense toute prête. Il lui suffira de se joindre à la Triple-Alliance, où elle serait reçue à bras ouverts. Si à ses flottes s'ajoutaient celles de l'Allemagne, de l'Autriche et de l'Italie, la France et la Russie se trouveraient en présence d'une coalition de forces telle, que toute guerre de leur part serait une folie.

*
* *

Au midi nous sommes tranquilles. L'Espagne est pour longtemps occupée chez elle et à Cuba. Tout au plus son intervention immobiliserait-elle le 17ᵉ corps d'armée de Toulouse.

Mais le point noir est vers les Alpes.

Pour l'Italie, nous sommes redevenus les Bar-

bares prêts à descendre les monts et à reconquérir le Milanais et Naples. La vérité nous oblige à dire que, depuis Charlemagne, nous avons fait une centaine d'invasions en Italie, et on ne paraît pas y avoir gardé de nos visites un reconnaissant souvenir. Naguère encore, quand le signor Crispi avait des embarras intérieurs, il lui suffisait de montrer la France riche et forte pour faire taire les plaintes et obtenir des crédits.

Il faut en prendre notre parti. L'ingratitude et la défiance des Italiens envers nous s'expliquent si elles ne s'excusent pas. Nous les avons aidés à chasser les Autrichiens en 1859, mais nous leur avions fait espérer aussi l'unité nationale au nom de la liberté, du patriotisme et du principe nouveau des nationalités. Nous étions adorés par nos frères cisalpins ; nous sommes entrés à Milan sous une pluie de fleurs, et les plus grandes dames embrassaient nos zouaves « comme du pain. » Et, au lendemain de Solférino, à la stupéfaction de l'Italie, la France avait fait volte-face, imposé la paix, laissé la Vénitie aux Autrichiens et reçu comme prix de son alliance Nice et la Savoie ! En même temps un corps français restait à Rome pour empêcher la réunion des Etats de l'Eglise à l'Italie.

Ainsi, l'unité italienne ne faisait plus notre compte. Il n'aurait pas fallu la commencer. Elle se continua sans nous avec l'appui de l'Angleterre en 1861, avec celui de la Prusse en 1866, et elle s'acheva contre nous quand les malheurs de l'année terrible nous eurent fait rappeler les régiments qui gardaient le domaine de Saint-Pierre.

Les Italiens n'ont pas oublié Mentana. Ce qu'ils n'ont pas oublié non plus ce sont les menaces de l'assemblée de Bordeaux et de Versailles qui se proposait trop haut de relever à la fois deux trônes : celui des Bourbons à Paris, et celui de Pie IX à Rome. Si la tentative de restauration monarchique du comte de Chambord avait abouti, nous aurions eu, dès 1873, la guerre avec la Triplice, et à ce moment-là nous aurions été sûrement écrasés.

Il nous est facile, 37 ans après Solférino, de mesurer les conséquences de notre intervention. Quand l'Italie était comme l'Allemagne, divisée en une foule de petits Etats rivaux les uns des autres, l'existence au centre de l'Europe de ces deux proies faciles offertes à toutes les convoitises avait été une cause permanente de guerre. Par notre maladresse nous avons favorisé la formation des nationalités italienne et allemande, mais je me demande si la substitution de ces deux puissants Etats à l'anarchie qui régnait chez nos voisins a été un gage de paix pour l'avenir ? Certainement non.

En devenant une grande puissance, l'Italie a

voulu se donner une armée, une flotte, des colonies. La sagesse commandait peut-être à cette nation nouvelle d'attendre un peu et de goûter, après la joie de se sentir née, le plaisir de se sentir croître.

Mais l'Italie n'avait pas la complète possession d'elle-même. Elle n'était pas tout à fait chez elle comme les autres nations. Entre les Alpes et les pointes de la Sicile est un palais entouré d'un jardin. C'est le domaine de saint Pierre.

Ici n'entre pas le roi d'Italie.

Enfermé au Vatican, le pape a conservé une large vue sur le monde. Sa puissance s'est bien étendue depuis le moyen-âge. Il y a des catholiques partout, et dans plusieurs pays d'Europe ils forment un parti avec lequel les gouvernements, si forts qu'ils soient, sont obligés de compter. (LAVISSE. *Histoire politique*).

Cependant l'apôtre ne cesse de récriminer et de se lamenter. La plainte de l'éternel vieillard sonne comme un glas sans trêve sur Rome capitale. Elle inquiète et elle irrite roi et ministres. A quoi sert-il d'être à Rome pour qu'il y ait encore une question romaine ? L'Italie a donc cherché où elle a cru la trouver, en Angleterre, en Autriche et en Prusse, une assurance contre toute intervention possible de notre part en faveur du Saint-Siège. Cette précaution, elle avait le droit de la prendre.

Mais toute alliance coûte. Celles que l'Italie a contractées sont fort chères.

Et puis il paraît bien qu'après avoir été guidée par le souci de sa défense, elle a été égarée par des rêves. Il est difficile de ne pas rêver du haut du Capitole. Les vainqueurs qui montaient là en triomphe appelaient la Méditerranée « notre mer. » Rome, héritière des dépouilles de Carthage, convoite aujourd'hui Tunis et Constantine, Nice et la Corse.

Ainsi à la question romaine, l'Italie a ajouté celle de la Méditerranée. Elle y joint en ce moment la question de l'Abyssinie, où elle n'a pas été très heureuse. On n'a guère vu de questions de cette sorte qui se soient résolues pacifiquement.

D'autre part, l'Italie étant le plus pauvre des Etats de la Triplice, doit être le plus pressé d'en finir. Il se peut qu'elle souhaite la guerre.

*

La Suisse, au contraire, est notre amie et notre vieille alliée. Nous n'avons à craindre aucune agression de ce côté, et nous ne songeons nullement à donner l'exemple détestable de violer une neutralité qui nous est précieuse.

Mais si nous avons le plus grand intérêt à maintenir la neutralité helvétique, il n'en est pas de même pour tout le monde. En cas d'une guerre où l'Italie, l'Autriche et l'Allemagne marcheraient contre nous, leur premier soin serait de pénétrer en Suisse et de prendre le pays pour base d'opérations. Dans cette crainte, les Suisses ont accumulé leurs défenses au Sud et à l'Est. Leur armée, forte de 250,000 hommes exercés, serait contre l'envahisseur un appoint considérable. (L. BOUGIER).

Il n'en va pas de même pour la Belgique. La grande plaine qui s'étend de la Mer du Nord aux Ardennes est un chemin trop commode pour que les Allemands et les Français ne soient pas tentés d'y passer au besoin. En dépit des traités les plus solennels, et malgré les fortifications de Brialmont, la neutralité belge ne serait pas gardée huit jours, et nous pouvons être assurés que son armée prendrait tout de suite le parti du plus fort.

* * *

Reste l'Allemagne.

L'Allemand est pour l'heure l'ennemi toujours inquiétant, celui à qui il ne nous est pas permis de déclarer la guerre d'un cœur léger. L'Allemand n'appartient pas comme nous à cette race latine rieuse et légère, prompte à l'oubli du mal qu'on lui fait, comme de celui qu'elle a fait. C'est l'homme des rancunes tenaces, des vengeances tardives, âpre au gain, dûr, froidement envieux. Il remâche le passé, il rumine ses haines, il attend son heure sourdement, sans impatience, sans bruit, comme le chat qui guette sa proie. (CH. LÉVIN).

En 1870 il nous imposait la plus énorme contribution de guerre que jamais vainqueur eût exigée du vaincu. Il espérait que nous ne pourrions ni entretenir une armée, ni reconstituer notre matériel de guerre, ni rétablir nos finances. Il nous vouait à l'indigence et à la guerre civile ; il nous préparait une lente agonie.

Par bonheur, ce calcul s'est trouvé faux. La France a montré une prodigieuse vitalité. Elle s'est relevée ; elle a inspiré l'envie aux vainqueurs, mais en même temps elle les a effrayés par sa brusque renaissance. Nous paraissons trop riches, et le défaut des peuples riches est d'exciter la convoitise, surtout quand ils ont, comme nous, la manie de faire sauter leurs écus. Toutes les fois qu'on montrera au peuple Allemand des trésors à gagner, il n'est pas douteux qu'il suivra ses chefs. De plus, l'Allemagne n'est pas assez riche pour sa population trop nombreuse et douée d'une fécondité redoutable. Si la guerre passe dans d'autres pays pour un fléau, l'Allemagne peut la regarder, à certains égards, comme un bienfait, et on se demande si ses chefs auraient besoin de beaucoup d'efforts pour la précipiter tout entière au combat.

« L'industrie nationale de la Prusse, disait déjà Mirabeau, c'est la guerre. »

Plus d'une raison pour hâter la crise.

Il peut arriver que le budget de l'Empire ne soit pas en équilibre, et alors le trésor d'un voisin plus riche serait une forte tentation. Il peut arriver que le Gouvernement Impérial, aux prises avec des difficultés intérieures avec les nationaux et les socialistes, cherche à détruire toute opposition et à étouffer sous le bruit du canon les revendications populaires.

Il peut arriver encore que l'Allemagne soit menacée sur sa frontière de l'Est par la Russie, et qu'alors, pour éviter d'être prise entre deux feux, elle essaie d'écraser la France avant que la Russie, lente à se mouvoir, ne soit entrée en ligne.

Voilà quelques-unes des chances de guerre. Ne comptons pas exclusivement sur notre prudence et notre modération pour éviter un conflit. Il suffit qu'un seul veuille la guerre pour qu'elle éclate, et les Prussiens pourront toujours nous chercher une querelle d'Allemand.

II

L'Orient et la question d'Alsace

C'est en Orient que le premier acte du drame va se dérouler bientôt, sans doute. Les flottes de six grandes puissances, dont les armées réunies font le total effrayant de dix millions d'hommes, sont réunies pacifiquement à Salonique. On paraît attendre le partage de la Turquie, car il n'est pas supposable que le *statu quo* puisse être maintenu longtemps.

Si nous n'étions pas intervenus aussi sottement en Crimée qu'en Italie, la grosse question d'Orient serait réglée depuis 1854, et nos nouveaux amis les Russes n'auraient pas laissé s'accomplir notre écrasement en 1870. Nous croyons la Turquie condamnée. A qui sera Constantinople ? *That is the question.*

Constantinople vaut un empire, disait Bonaparte. La Russie ne permettra jamais que l'ancienne capitale de l'Orient, la rivale de Rome, tombe en d'autres mains que les siennes. C'est pour la Russie un article de foi, un idéal qu'elle poursuit depuis Pierre-le-Grand. C'est de Constantinople qu'elle a reçu le christianisme, il lui appartient donc de reprendre à l'Islam la coupole de Sainte-Sophie. Elle est aussi le grand frère slave qui doit son appui aux petits frères Bulgares, Grecs et Arméniens, sujets du Sultan.

D'un autre côté, il lui faut absolument un port sur la Méditerranée, car elle ne peut sortir de chez elle. L'issue de ses deux mers, la Baltique et la mer Noire, lui était fermée jusqu'ici. Elle veut et elle prendra les Dardanelles.

Malheureusement pour la paix, sa route vers le Sud est barrée par la route de l'Autriche qui descend le long du Danube et veut avoir les embouchures du fleuve avec Salonique.

Est-ce qu'il sera possible de concilier des intérêts si opposés? Je l'espère un peu. La Turquie peut s'effondrer d'un moment à l'autre. Les puissances vont-elles assister impassibles à cette destruction au risque de voir l'une d'entre elles entrer en lice pour son propre compte et prendre ce qui lui conviendra, ou bien, si elles s'y opposent, vont-elles être contraintes, malgré elles, à commencer cette *guerre générale* que tout le monde redoute avec raison ?

Voici le partage tel que d'aucuns le proposent : L'Autriche, qui a déjà pris un acompte avec la Bosnie et l'Herzégovine, recevrait pour sa part toute la vallée qui va des Balkans à Salonique, ce port qu'elle convoite avec persistance ; l'Italie aurait la Tripolitaine et l'Albanie ; la France obtiendrait la Syrie, où elle a déjà des attaches; enfin l'Angleterre, avec l'Egypte, garderait la route de l'Inde. Seule entre les grands Etats, l'Allemagne ne trouverait rien à sa convenance, et c'est précisément une des difficultés de la question. *(Revue Suisse)*.

* * *

On dit que le Kayser allemand donnerait carte blanche à la Russie à Constantinople, en échange de compensations ou de neutralisations en Pologne, et qu'il laisserait volontiers la France libre de prendre sa part du gâteau musulman en échange d'un abandon formel et définitif de toutes nos espérances relatives à l'Alsace-Lorraine. Là est pour nous le côté douloureux de cette affaire. Les étrangers ne comprennent pas que la perte des deux provinces a fait à la France une blessure inoubliable. « C'est la loi de la guerre disent les Allemands. Résignez-vous ! »

Ce langage n'aurait surpris personne au siècle dernier. Aujourd'hui encore il semble naturel aux politiciens de l'ancien régime. Mais la France, en ce siècle-ci, représente une autre politique. Entre toutes les nations, elle est rationaliste et sensible. Elle professe qu'il n'est pas permis de traiter une population d'hommes comme un troupeau de bêtes. Elle croit à l'existence des âmes de peuples. Elle a compâti douloureusement aux victimes de la force. Elle a pleuré sur Athènes, sur Varsovie et sur

Venise, et elle n'a pas donné que ses larmes, elle a donné son sang aux opprimés d'Amérique, de Grêce, de Belgique et d'Italie. « Si l'on voulait entasser ce que chaque nation a dépensé de sang et d'or, dit Michelet, et d'efforts de toute sorte pour des choses désintéressées qui ne devaient profiter qu'au monde, la pyramide de la France irait montant jusqu'au ciel ; et la vôtre, ô nations, toutes tant que vous êtes, ah ! la vôtre, l'entassement de vos sacrifices irait au genou d'un enfant. »

La paix allemande de 1871 ne nous a pas laissé seulement l'humiliation de la défaite. Elle n'a pas seulement ouvert notre frontière et mis notre pays dans un état d'insécurité intolérable. En nous prenant des âmes qui étaient et voulaient rester nôtres, le vainqueur nous a blessés dans notre foi. Il ne s'est même pas réclamé du principe des nationalités. Il ne pouvait réclamer l'Alsace comme allemande, puisqu'il gardait les pays polonais, le Sleswig danois, et qu'il prenait Metz où l'on n'a jamais parlé allemand. Il a simplement usé du vieux droit de la force : « la Force prime le Droit. »

Voilà qui détermine le caractère de la question d'Alsace. Elle met en présence deux états de civilisation, et nous avons, dans la défaite, un honneur singulier; le redressement du tort qui nous a été fait serait une satisfaction donnée à la raison et aux sentiments les plus généreux de notre temps. (LAVISSE).

III

Conclusion

Hâtons-nous de résumer, et mettons dans l'un des plateaux d'une balance les causes de paix.

C'est d'abord, dit l'historien Lavisse, l'esprit de la Révolution française. En détruisant le vieux droit de propriété du souverain sur le peuple et sur le pays, en produisant la théorie de la nation consentie par les nationaux, il a rendu impossibles ou difficiles certaines guerres, les guerres d'ambition et de dynastie.

C'est encore l'universel progrès du travail, l'ardeur de l'usine, la fièvre de l'entreprise et du comptoir; une solidarité dans l'effort pour acquérir la richesse; un accord général dans la volonté de paisiblement jouir.

C'est un état d'esprit opposé à la guerre, la crainte des incommodités et des dangers de la vie militaire, et de nobles idées philosophiques, des sentiments d'humanité.

C'est enfin le progrès de l'esprit républicain et ce vague besoin de fraternité internationale que chantait déjà le bon Béranger dans la « Sainte Alliance des Peuples. »

*
* *

Mettons dans l'autre plateau les chances de guerre. C'est encore l'esprit de la Révolution. Pour que le principe des nationalités fût satisfait, il faudrait qu'il vainquît l'Angleterre, car elle opprime l'Irlande ; l'Allemagne, parce qu'elle garde des pays polonais, français et danois ; qu'il détruisît l'Autriche et la Turquie qui ne sont que des agrégations de races diverses et ennemies. Il n'obtiendra pas toutes ces satisfactions, mais il en cherchera quelques-unes. Il est en train de démembrer la Turquie. Quand ce sera le tour de l'Autriche, quel champ de bataille, quels décombres !

C'est encore l'universel progrès du travail et de la concurrence dans la poursuite de la richesse. Il n'est pas vrai que le commerce promette la paix : dans l'antiquité et de tous les temps il a produit des guerres. On s'est battu dans la Baltique pour des harengs, sur toutes les mers pour des épices, on se menace à Terre-Neuve pour des morues. De nos jours l'accroissement des industries crée la question des débouchés et des colonies, où les intérêts des Etats sont contradictoires. Les rivalités et les rancunes commerciales renforcent ainsi les haines nationales. (LAVISSE).

Les idées et les sentiments pacifiques sont incertains et fragiles. Les ingénieurs et les inventeurs ne refusent pas leurs services à la guerre ; au contraire, ils lui donnent son caractère actuel scientifique et monstrueux.

Il existe, nous le savons tous, un dédain, une horreur du militarisme et de la caserne, mais la guerre a gardé ses fidèles, et la morale officielle et l'opinion publique portent au premier rang des devoirs celui qui implique le péril de mort.

Enfin les vieux traits d'union entre les peuples s'effacent tous les jours. L'individualisme national les sépare de plus en plus.

*
* *

En définitive, même les nouveautés du siècle, l'esprit de la Révolution, les progrès du travail et du commerce ont mis un poids dans l'un et l'autre plateau ; et du passé subsiste la vieille cause de guerre, la politique d'agrandissement et de conquête. Celle-ci est très claire et très précise. Elle agit en des endroits déterminés et visibles : les Balkans et la cathédrale de Strasbourg dominent aujourd'hui la politique de l'Europe.

C'est pourquoi l'attente de la guerre est un des phénomènes principaux de la civilisation contemporaine. Il se manifeste dans le système de la paix armée. Autrefois, la paix ne portait que demi-armure, aujourd'hui elle est armée de pied en cap. Sans efforts, sur un coup de télégraphe, elle est la guerre, et quelle guerre ! Comme la politique d'autrefois paraît chose presque légère en comparaison de celle d'aujourd'hui, les armées de Condé et de Turenne, qui comptaient bien vingt mille hommes, nous paraissent des jouets d'enfant.

La guerre est devenue plus rare, mais combien elle emploie mieux son temps ! Jadis on se battait des années pour se prendre quelques villes. Il n'a fallu que six semaines à la France, en 1859, et trois à la Prusse, en 1866, pour précipiter les révolutions italienne et allemande et fonder deux grands Etats. Nous, la France, nous nous faisons gloire d'avoir tenu six mois en 1870 pour sauver notre honneur ! Le sentiment que quelques levers de soleil suffiront peut-être pour éclairer la lutte désespérée et la mort d'une patrie pèse sur le monde. Il y a des pays où le cri brutal du Brenn : « *Vœ victis* » attend sa minute dans les poitrines (LAVISSE).

A vrai dire, il n'est pas tout à fait impossible que l'appréhension de la guerre ne retarde la guerre.

Personne n'est assuré de vaincre et tout le monde sait que la défaite peut être mortelle. Il y a de quoi faire hésiter la main qui a le pouvoir de donner le coup de télégraphe.

Il se peut aussi que la paix armée, qui ruine les peuples, paraisse à la fin par trop lourde et par trop absurde, et que la raison et l'humanité exercent leurs droits.

Peut-être, enfin, sera-t-on forcé d'écouter les plaintes légitimes des déshérités de la fortune et de réduire les budgets de guerre pour permettre aux mineurs d'Allemagne et de France de rester un peu plus longtemps à table et de dormir quelques heures de plus. Mais ce sont là de bien vagues espérances.

Ces espérances, mes chers compatriotes, il nous appartient à nous, philantropes et républicains, de travailler à en faire une réalité durable, en répandant autour de nous les idées d'humanité, de justice et de paix, qui sont le patrimoine moral des nations civilisées.

Les femmes, les mères sont d'avance toutes gagnées à cette cause sainte. Quand les hommes, plus éclairés, plus instruits et meilleurs, rougiront de leur folie guerrière ; quand ils auront imposé leurs vœux et leurs vues pacifiques à leurs élus et à leurs gouvernements, ils constitueront des tribunaux d'arbitrage international pour trancher tous les litiges ; ils feront peut-être des feux de joie avec les gargousses et les caissons, et, dans les générations plus heureuses qui nous auront remplacés dans la carrière, chacun possédant en paix l'ombre de sa vigne et de son figuier pourra s'y reposer sans soucis et sans armes.

www.ingramcontent.com/pod-product-compliance
Lightning Source LLC
Chambersburg PA
CBHW062001070426
42451CB00012BA/2400